JN439382

바람꽃이 피다

김선민 시집

도서출판 경남

| 차 | 례 |

제1부 사모곡

제2부 내 작은 뜰

제3부 5월 소묘

제4부 그리운 이름

제1부 사모곡

사모곡 · 1

당신은 오늘도
겹겹이 쌓인 삶의 타래를 풀어놓고
울고 계십니까.

케케묵은 애기들만큼이나
힘들고 지친 당신
새하얗게 변해버린
당신 나이만큼이나
시커멓게 타 버렸을 당신

가슴에 맺힌 멍에
다 도려내고도
아직도 서러움이 남아
울고 계십니까.

퍼내어도 줄지 않는
샘처럼
수많은 한숨과 눈물이
아직도 남아 밤새워 울고 계십니까.

사모곡 · 2

어머님
당신을 보면 자꾸 눈물이 납니다.
당신이 걸어오신 그 세월을
다 읽어 내지 못했기에

나 죽거든 땅에 묻지 말고
화장하여 산에 뿌려라
입버릇처럼 하시던 말씀

살아생전 가지지 못한
한 평 남짓한
마음의 안식처를
죽어서도 가질 수 없는
처지를 아시기에

어머님
당신을 보면 자꾸 눈물이 납니다.
그 마음 깊이를
아직도 다 헤아리지 못했기에

쫓기듯 달려온
깊게 패인 주름살만큼이나
쌓인 응어리

곱게만 보이는
카네이션은 그 마음 알까요.
그 마음을…

사모곡 · 3

자식은 빚 받으러 왔다지.
전생에 쌓은 업보 때문에
빚 받으러 자식은 그렇게 온다지

당신의 그 한마디가
달빛처럼 사무쳐 우는 밤입니다.
어머님

주름진 얼굴
매운바람 앞에
움츠린 야윈 삶

당신의 운명이라지만
멍든 세월이 한스러워

검고 깊은 밤
당신의 애절한 서른 해가
온 천지를 울리고 있습니다.
어머니

사모곡 · 4

동틀 무렵
맷돌 같은 삶의 멍에를 담아 이고
뼛속까지 휘몰아치는 칼날 같은 바람
온몸으로 맞서며
살아오신 어머님

궁핍한 살림살이
어린 자식을 위해
귀한 목숨 아끼지 않으신 어머님

그믐달 등불 삼아
새벽을 밟으시면서
서리서리 맺힌 눈물

살얼음을 밟듯
살아오신 어머니

세상에서 가장 귀한 이름
어머님을 부릅니다.

사모곡 · 5

딸 시집간다고
밤새워 힘들게 쓴 편지 속에
당신의 마음이 적혀 있습니다.

"사랑하는 딸 민아 보아라.
잘 살아야 한다."
비뚤비뚤한 글씨
한 자 한 자 정성 담아 쓴
편지 속에 당신이 울고 있습니다.

철부지 자식 때문에
눈시울 마를 날 없던

그런 당신 앞에
죄인일 수밖에 없는 못난 딸
머리 숙여 절 올립니다.

사모곡 · 6

고단한 일상을 훌훌 벗어놓고
캄캄한 밤
홀로 잠들었습니다.

이순耳順을 바라보는 나이
서리서리 외로움이 맺히는 밤
하얗게 내려앉아
겹으로 쌓인 세월 속
서럽도록 토吐해냅니다

상처만 남은 세월
수많은 눈물이
밤하늘에 은하수를 이루고
그 눈물마저 보듬어 꽃을 피우신
어머님

별 하나
내 가슴속에 빛나는
삶의 지침서입니다

사모곡 · 7

어머니 얼굴에
지나간 흔적들을
덮을 수만 있으면 얼마나 좋으랴

억척스러운 세월
훈장처럼 새겨진 상흔
지울 수만 있다면

투명한 하늘에
발 담그고 서 있는
구름 한 점 따다가
내 어머니 가슴에
날개 하나 만들고…

이 터전을 훌훌 털어
자유롭게 살게 하고파

사모곡 · 8

어머니 손에선 항상
생선 비린내가 난다.

아비 잃은 어린 두 남매
배 곯릴세라

시린 새벽
누더기가 된 세월 안고
억척을 등에 업으시고

숨 가쁘게 달려오신
길 위에
눈물로 빚은 향기

씻어도 가시지 않는
비린 생선 냄새
눈물만 남은 여윈 가슴에
꽃처럼 피어난다.

오늘도
어머니 손엔
비린내가 향수처럼
피어난다.

어머니 냄새가…

사모곡 · 9

바람이 쓸고 간 자리
손가락 마디마디에
울고 앉아 있다

굳은 절개 하나로
살아오신 긴긴 시간

대나무 속처럼
텅텅 비어버린 가슴

슬픈 노래처럼
구구절절 사연 담아
넘어오신 마흔 고갯길

어머니가 살아 있어도
그리워
한 울음 적시고 있다

사모곡 · 10

아버지 일찍 돌아가시고
두 남매 키우기 위해

이른 새벽에
칼바람을 등에 지고
고기상자 이고서
천릿길을 걸어가셨다

생선 비린 냄새에
어머니의 한 서린 눈물이 묻어 있다

비좁은 시장 한쪽에서 추위에 떨며
살아오신 지난날

바람 뚫린 시장 한 모퉁이에서
누군가의 어머니가 자식을 위해
거친 삶과 싸우고 있다

한밤 기침소리

앙상한 가지에 걸린
거친 바람 같은 기침
공허한 밤과 사투를 벌이는 걸까

콜록콜록
건밤을 낚는 소리에

수척해진 달도
밀랍 같은 아파트도
시들어 버린 밤

지난날
새순처럼 여린 나를 위해
소태 같은 밤을 달래던
할머니의 마음이
내 아이 등을 어루만지고 있다.

콩 타작하는 날

콩대가
가을 햇살 깔고
나란히 누워 일광욕을 즐기며
수다를 떤다.

세월이 흘러도
파도처럼 힘이 넘치는
할머니 도리깨질

뽀얀 먼지를 뒤집어쓴 채
하얀 깃발을 흔들며
숨은 콩이 항복을 한다.

드디어
쌍둥이 문이 열리고
세상으로 나오는
까만 콩

신명나는 노리깨 상난에
온 천지가 들썩이고
서산에 걸린 해도
같이 뛰고 있다.

내 고향 대티*

보고파라 푸른 산이여
청운의 꿈 안고
기약 없이 떠나올 때
언덕길 홀로 울던 미루나무야
무사히 잘 있느냐

골 깊은 타향살이
꿈길에서
애타게 찾아간 상북 골짜기

밤이면 구슬프게 울던 소쩍새는 어디 가고
온 산을 수놓던 진분홍빛 추억만 남아
저녁노을 속에 손짓하네.

한 잔 술에
불러보는 망향가
그리운 고향이 한걸음에 달려오네.

*대티 : 경남 마산시 진북면에 있는 작은 시골 마을.

내 고향

햇살 반짝이는 개울가에
구름도 잠시 쉬었다 가고

넉넉한 들녘에
바람도 지친 발 쉬었다 가는
내 고향 대티*

언제나
고향의 품은 넉넉했다

바람에게도
구름에게도
지친 나에게도
늘 따뜻한 품이었다.

야트막한 동산에
행복한 꿈이 자라는
아름다운 내 고향 대티

進永頌

새벽안개 촉촉한 손길에
아기 볼살 같은 감이
사각사각 여물어
가을이 깊어가는 고장

잘 여문 감나무 아래
저마다 푸른 꿈 가득 담아
바지런한 손놀림으로 일군
나의 소중한 터전

변화무쌍한 세상사
단맛 나는 인생을 수놓으며

영겁도록
영겁도록
살고픈 내 고장 진영進永

自畫像 · 1

달빛 쓸쓸한 밤
알 수 없는
눈물이 납니다.

별도 흐느껴 우는 한밤
가슴에 옹이처럼
상처가 박혀 있습니다.

그 옛날 살아오면서
부끄러웠던 일
시기와 가난과
서러움마저 죄가 되어

하늘과 땅에게 바치는
속죄의 마음으로
하염없이 웁니다.

自畫像 · 2

거울 앞에 앉은
낯선 여자를 본다.

환한 미소 세월에 다 지워지고
어느덧 초췌한
굳어버린 그 얼굴

몰라보게 변해버린 여자는
거울 앞에서

삶의 찌든 때
감추려고
곱게 단장을 하고 있다

自畵像 · 3

꽃은 지면
다시 피어나지만

계절은
다시 돌아오지만

물이 흘러간 자리는
다시 채워지지만

흐르는 세월 따라
흘러버린 여자는
다시 꽃으로 피어나지 않습니다.

다시 되돌아갈 수 없는 봄이
나에게도 있었습니다.

어느덧
가을의 길목을 서성이며

가슴에 별을 새기듯
간절한 마음으로 기도합니다.

自畵像 · 4

화려한 꽃이기보다
향기로운 꽃이고 싶습니다.

순백의 아기 같은
천진한 미소로
세월 속에 깊어지는 향기 같은 사람

크고 아름다운 꽃보다
작고 소박한 꽃이 되어

은은한 향기에 취해
어느 날 나비 한 마리 찾아 준다면
나는 그것으로 행복할 것입니다

비 그친 하늘

비 개인 아침
맑은 하늘 바라보니

내가 부끄러워
차마 쳐다볼 수 없습니다.

시린 세상
메마른 땅에 꽃을 가꾸듯
살아온 나날

속절없이 흘러 버린
시간만큼 잃어버린
숱한 일들

텅 빈 가슴
갈잎처럼 떨어집니다.

모든 집착 버리고
바라본 하늘이
너무 아름다워 눈물이 납니다.

봄에게 안기다

순결한 아침 이슬로
묵은 때 곱게 씻어내고
조용히 봄을 불러 봅니다.

꽃들의 간절한 기도에
닫힌 마음 열어 놓고

산 중턱에 걸터앉은
봄을 마중 나갑니다.

봄은
그렇게 희망처럼
내 품에 안겼습니다.

이 짧은 행복도
봄이 지면 함께 지고 말겠지만

탄 생

새하얀 백합 한 송이 피었다
좁은 산도를 거쳐 나온,

눈 시리게 빛나는
어여쁜 꽃 한 송이

고운 숨결에
피어나는 향기로운 살 냄새

막 깨어난 어린 천사가
세상을 향해
조심스레 배냇짓하고 있다

초야에 묻혀

티 없는 하늘 아래
산새처럼 노래하렵니다.

사연 많은 세월
버거운 나날을
억겁으로 흐르는 강물에
고이고이 씻어 말려 두렵니다.

햇볕 좋은 날에는
햇살 한 줌 따다
토막토막 썰어
내 작은 뜰에 묻어두고

바람 좋은 날에는
그늘 좋은 원두막에 앉아
흙냄새 꽃향기에
못난 나를 보듬어 안고
초야에 묻혀 살렵니다.

먼 훗날
내 뜰에 들꽃이 피면
잠시 눈 맞추고 가세요.

향기로운 고운 들꽃처럼
나, 그렇게 살아 보렵니다

작은 행복

별빛이 포근한 날
마주잡은 두 손이
아름다운 저녁이었습니다.

바람이 간간이
머리카락을 스칠 때
참으로 행복했습니다.

같이 바라본
밤하늘엔
몇 겁이 지나도
변치 않을 약속
별 하나에 묶어놓고

항상 웃으며 살 수 있길
간절히 빌어봅니다

생명이 가득한 땅 위에
고이고이 씨를 뿌리고
고운 노래하듯
희망을 불러봅니다

제2부 내 작은 뜰

편지 한 장 · 1

—소담 언니에게

소담 언니
스물셋
들꽃 같은 가냘픈 몸으로

무너지는 하늘
어떻게 감당했습니까

뻥 뚫려버린 가슴가슴
토막 난 인생
뼛속까지 스미는 아픔을
꾸역꾸역 삼키며

그 긴 시간들을
어떻게 살았습니까.

어둡고 아픈 길을 걸어와
환하게 웃는 소담 언니

백합같이 순결한 당신의 숭고한 사랑 앞에
당신 이름조차 부를 수 없습니다.

편지 한 장 · 2

—소명이에게

소명아
이름만 불러도
눈물이 나는 친구야

그 옛날
기약 없던 이별이
이토록 가슴에 사무칠 줄은

텅 빈 가슴으로
사반세기를 서럽게 울었다
친구야

한여름 태양도 뜨겁게 달군
우정도 가는 세월 앞에
식어만 가고

온 세상을 다 품을 것만 같았던
열정도 흐르는 세월 속에
아련히 빛이 바래고
친구야

꽃피고 새 울어 훈풍이 분다 해도
너와 나 세월을 되돌릴 수 없는
수많은 날

천년을 품은 향기
오늘도 그리운 네 이름을 불러본다
소명아

마지막 편지

비가 옵니다.
온몸을 휘젓고 다니는
그리움 씻어줄
하얀 비가 내립니다.

한때는
당신 사랑을 가질 수 있다면
내 모든 것을 태워
한 줌의 재가 될 때까지
담고 싶은 그 사랑

이제는
저 빗물에 떠나보내려 합니다.

그리움도
미련도 남겨두지 않겠습니다.
더 이상 눈물도 남겨두지 않겠습니다.

다시는
되돌릴 수 없는 사랑임을 알기에

비가 옵니다.
그대 슬픈 얼굴 지워줄
하얀 비가……

당신은 누구신가요

슬픈 연가처럼
눈물이 되어
손짓하는

당신은
누구신가요

달빛 속에
긴 그림자만
남기고 사라지는

불러도 대답 없는
당신은
누구신가요

안개처럼
잡을 수 없는

당신은
누구신가요

오래된 일기장

낡은 대학 노트에
벌거벗은 일상이
시름시름 앓는 소리를 한다.

희부연 안개 속에 갇힌 듯
답답한 속내를 토하기도 하고
고단한 현실에
발버둥치는 나를 달래듯
속울음 적시기도 한다.

때론 시린 손 잡고
구멍 난 세월을 꿰매기도 하고
언 땅에 꽃을 피워
한 상 가득 희망을 차려내며

짜디짠 세월을 건너와
내일의 길을 만들어 가고 있다

그리움 · 1

깊은 밤
긴 그림자 하나
나를 따라옵니다.

별처럼 반짝이는 추억
소리도 형체도 없는 그리움이
나를 울립니다.

하늘의 선물 같은
고운 인연이
꽃잎처럼 피어 손짓하는데

얼마나 울어야
산처럼 높은 아픔을
흐르는 강물처럼 쏟아낼까

긴 그림자 하나
기어이 나를 따라옵니다.

그리움 · 2

그리움이 파도치는 날
가슴에
눈물 파도가 인다.

망망대해 떠도는
조각배 같은 마음

달도
별도 뜨지 않는 캄캄한 밤

오직 그대만이

달과 별이 되어
밤을 밝힐 뿐

보고 싶다 말하기에
너무 긴 밤을
하얗게 새워 울고 있다

인 생

바람결에 스치는 만남이야
잠시 머물다 가면 그뿐

겹겹이 쌓인 정情이야
가슴에 묻고 살지

민들레 홀씨 같은 인연
제 갈길 따라가고

바람 불면
끈 떨어진 인생
하소연으로 풀고

비 오면
진흙탕에 나뒹구는 삶
서럽도록 울어도 좋다

저편
알 수 없는 그곳으로
세월 따라 함께 가면
그만인 것을…

사랑하며 살렵니다

하늘의 부름을 받는 날까지
푸른빛 고운 마음으로 살렵니다.

마주 손잡아
따사로운 가슴으로

기나긴 인생 여정
다정한 길벗 되어
참사랑 씨 뿌리며

인고의 세월
울린 가슴도
한마음 곱게 쓴
사랑의 향기로

그대와 나
이생을 다하는 날까지
사랑하며 살렵니다.

내 작은 뜰 · 1

작은 햇살에도 행복한 아침
소박한 밥상에
사랑 꽃 한 줌 따다
당신과 나 오순도순 마주앉아
못난 인생 다듬으며 살고파라

세월 속에 남겨진 상처
세상 저 편으로 밀어놓고

가을 햇살 따다 말린
풍성한 밥상에
당신과 나 알콩달콩
허기진 세월을 채우며 살고파라

기암나무에 걸린
초승달이 구슬프게 우는
깁고 긴 겨울 밤
당신과 나 도란도란
저린 추억 되새기며 살고파라

내 작은 뜰 · 2

햇살 좋은 뜰에
세월을 씻어 널어놓고
제비꽃, 민들레, 봉선화 심어
풀벌레와 정답게 노래하며

작은 텃밭에
작은 인생 하나 뿌려놓고
고추, 호박, 상추, 옥수수 심어
말 없는 새들과 나눠 먹으며
욕심없이 살고파라

감꽃이 피는 뒤뜰
장독대
쓰디쓴 세월에
맛을 묻어 놓고

저녁노을
곱게 핀 창가에 앉아
잘 익은 인생의 맛을
두고두고
영원을 먹으며 살고파라

솜털 같은 봄

긴 겨울 끝에
목마른 마음 하나
얼음 밑으로 졸졸 흐르고

양지 바른 땅
새싹들이
잠든 봄을 밀어냅니다.

강아지풀 속삭이는
부드러운 솜털 같은
봄

봄의 품이 따뜻합니다.

사십〔不惑〕

내 나이 불혹不惑
얼마나 나를 낮추고
참회하며 살아 왔는가.

마흔 고개를 넘으며
새삼 되묻는다.

넘치는 욕심으로
남에게 상처를 주지 않았는지
칼날보다 더 날카로운 설두로
가슴에 비수는 꽂지는 않았는지

인생 귀로에서 얼마나 덕을 쌓고
거짓 없이 살아갈 것인가
억겁으로 흐르는 강물에게
나를 묻는다.

뒷모습

천진하게 웃는 그 얼굴
어여쁜 줄만 알았더니
냉정하게 돌아서 가는
그대 뒷모습이
한겨울 찬 서리보다
더 시립니다.

단아한 붉은 그 입술
고운 줄만 알았더니
무심하게 내뱉는
그대 말 한마디
한겨울 살얼음보다
더 차갑습니다.

한 점 미련 없이 떠나는
그대 발걸음
세상에 제일 무서운 것은
미처 알지 못한 뒷모습입니다

달맞이꽃

애처로운 여인의 향기로
피어난
슬픈 사랑

밤하늘 아래
쓸쓸히 웃고 있는 꽃
가을 동화의 슬픈 이별을

달빛으로 싱싱하게
살아 숨 쉬는 꽃
저녁노을의 애틋한 고백에
귀를 열고

달빛 아래서만
수줍게 고개 숙인 꽃

바람꽃이 피다

허공을 헤엄치는 바람은
푸른 지느러미를 가졌습니다.

구름 한 장, 새소리 한 묶음을 흔들어보고
하늘 길을 따라갑니다
누군가 그리운 날은
하늘가에 활짝 꽃이 핍니다.

저 넓은 하늘의 가슴을 얼마나 헤집고 다녔는지
바람의 등지느러미가 너덜너덜 해졌습니다

바람 같은 세월
꽃을 피우지 못한 세월이 내게도 있어
다시 하늘을 보니
뭉실 피어난 구름 같은 사랑

닿지 못할 저곳에
그리운 당신이 서 있습니다

세상에서 가장 아름다운 꽃

꽃이 피었습니다.
연화, 유영아

내 뜨거운 피로 태어난
나의 꽃

사랑으로 피어
세상에서 가장 향기로운,

별보다 더 빛나는
영원히 시들지 않을 나만의 꽃이여

사랑이여
기쁨이여
행복이여
하늘의 축복이여

들에는 철따라 꽃이 피고

들은 계절마다
나를 위해 꽃을 피우고
나를 위해 춤을 춘다.

겹겹이 쌓인
희부연 먼지 같은 그리움이
손짓하는 날

바람에게 길을 묻고
들꽃에 눈 맞추며
들길을 걷는다.

풀냄새 향긋한
들이 나에게로 들어선 오후

들은
밤새 나를 위해 지은 꽃을
다 꺼내 보여준다.

목 련

만개한 봄의 길목에서
오랜 기다림 끝에
수줍게 꽃망울 터트린
순백의 여인

눈부시게 하얀 속살
서럽도록 토해내는
수많은 사연들

가슴속에 숨겨둔
말 못할 가슴앓이
이른 봄
봉오리마다 소복이 담아낸
꽃이여

달빛 아래
가냘픈 가지 마디마디에
허연 젖가슴 풀어헤치고
누굴 기다리고 있나

해바라기

한여름 뙤약볕 아래
가련한 사랑이 불타고 있다

다가설 수 없는 그대
그저 바라볼 수밖에 없는
비운의 꽃이여

태양 닮은 그 얼굴에
알알이 박힌 임 향한 마음

가냘픈 몸으로
하늘만 이고 서 있는 꽃이여
지고지순한 사랑이여

들 꽃

너는 어찌하여 힘없는 들꽃으로 피어나
눈물로 빚은 실타래로
한 생을 짜고 있느냐

뭇사람들의 발길 속에
꺾이고 밟혀
나비마저 널 버리는구나.

서슬 푸른 하늘 끝에서
눈물만 적시는
가여운 꽃이여

분골쇄신 비는 마음
흔들리는 바람조차
허락하지 않는구나.

애처로운 꽃이여
너는 세상에 무엇을 바라고 피느냐

믿음꽃

가슴에 핀 믿음꽃
참사랑 곱다 우정이

당신과 나 사이에 핀
좋은 인연의 향기

거짓 없는 만남
일렁이는 정情 따습다.

억겁이 흘러도
변치 않을 그 약속

옥돌처럼
단단하게

하늘에 새겨
아름다운 꽃으로 핍니다.

제3부 5월 소묘

慈悲

세월 속에
옹이처럼 박힌
욕심, 이기심
바람 속에 태워 버리고

자비로운 부처님 앞에
두 손 모으면

물소리
바람소리
맑은 영혼을 깨운다.

그림자

어둠이 깔린 저녁
한 남자가
삶의 지게를 지고
터벅터벅 2층 계단을
오르고 있다

한 잔 술로 달랠 수 없는
무거운 길
계단 아래로
내려놓을 수 없는 짐을 지고 간다.

달빛에 지친
긴 그림자가 그를 뒤따라간다.

깊은 사랑

바다와 같은 부모님 눈물은
그 깊이를 알 수가 없고

가슴은 하늘과 같아서
그 넓이를 알 수가 없네.

깊고 깊은 것이 바다라지만
넓고 넓은 것이 하늘이라지만,

부모님 가슴보다 얕고 좁네.

세상 그 무엇으로도 잴 수 없는
그 사랑을
나 이제 부모가 되어 알겠네.

독도 · 1

뿌리 깊은 역사로
이 강산을 지켜 온
지신이여

찬란한 푸른 이 땅에
강한 생명으로
오천년을 이어온 거룩한 땅

인고에 다져진
숭고한 가슴으로 흘린
선열들의 피와 땀이
훈장처럼 이 땅에 살아 숨 쉬고 있다

오천만이 하나 되어
널 지키고 있으니

독도여
외로움에서 깨어나라

힘차게
풍악을 울려라
대대손손 길이 빛날
이 땅을 위하여

독도 · 2

매서운 파도에도
전혀 흔들림 없이
늠름하게 서 있는 작은 섬

거친 물살만큼이나
숭고한 역사를 이고
오천년 찬란한
백의민족 숨결이 살아 숨 쉬고 있다

힘찬 바람소리
오천만의 아우성이요
우리의 기백이다

거센 폭풍에도 꺾이지 않고
당당함으로 우뚝 선
자랑스러운 독도

크나큰 희망에 찬
나의 조국이여
영원하리라

5월 소묘

세월과 마주 앉은 오후
아카시아 향기가
낡은 찻잔 속에 담긴다.

멋모르고 지나가다
발목 잡힌 바람 앞에
신명나는 바람개비 춤사위가
정병산 아래 물결친다.

반쪽 남은 달빛 아래
오가는 술잔에 정을 담고
흐르는 시간 속에 그리움 담아
노래하는 물망초

변화무쌍한 세상
한결같은 마음으로
한 세상 잘 쉬었다 가는
인생을 위하여

아침 · 1

나를 깨우기 위해
목청 높여 울어대는 자명종
바쁜 일상 속에
일탈을 꿈꾸는
고요한 나를 깨우고 있다

날마다 새롭게 태어나는 아침을 위해
가쁜 숨 몰아쉬며
한밤을 달려왔는데

오늘을 알 수 없는 나는
새로운 아침과 싸우고 있다

보이지 않는 시간이
내 아이의 키처럼 자라나고 있는
아침에

아침 · 2

이른 새벽
조용히 아침을 부른다.

간밤
비가 머물다 간 자리
피어난 보랏빛 나팔꽃

꽃잎에 맺힌
초롱초롱한 물방울
투명한 옷을 입고
나를 반긴다.

철길 옆
작은 텃밭에서
새로운 하루가 눈을 뜨는 아침

눈부신 나팔소리 발등에 쏟아진다.

不在

낡은 건물 유리창에
기대 선 햇살이
눈 시리게 아름다운 날

바람은 흥에 겨워
콧노래를 부르며 춤추고

보는 이 없어도
이름 없는 꽃들은 피어나
온 누리에 향기를 날린다.

햇살이
낡은 유리창을 넘어오는 날

한여름 뙤약볕에 핀 해바라기
하늘을 노랗게 칠하고 있다

詩

텅 빈 가슴 채워 줄
시 한 편 만나려고

방황하는 시간

시 한 줄 읽고
하늘을 보니

창공은 더없이 맑습니다.

시 한 구절 쓰고
산을 보니

산천은 더없이 푸릅니다.

비 상

꽃봉오리 살갑게 손짓하는
푸름이 물결치는
피안의 언덕에 올라
노래를 한다.

맨발에 스며드는
이 평화로움으로
하늘 가득 안고
꽃을 찾는 나비처럼 날고 싶어
바람을 흔들어 깨운다.

기 상

간밤에 내린 세찬 빗줄기
내 청춘의 목마름이다

아직도 못다 한
내 젊음 날의 울분이다

꿈이여
깨어나라

빈 가슴 채워 줄
희망이여

저 창공을 향해
힘차게
뜻을 펼쳐라

주남저수지

주남저수지는
작은 생명들이 쏟아내는 이야기를
가득 담고 있다

그곳에 가면
철새의 수려한 자태에 반해
떠나지 못한 구름과
걸쭉한 입담에
미몽에 빠진 바람도 만날 수 있다

가시연꽃에 취해
얼굴 붉힌 저녁노을
소담스럽게 피어난
절절한 사연

물 억새 손짓에
달빛 품은 비밀이
흐르고 있다

파 도

바람에 떠밀린 파도는
천길 벼랑에 몸을 던지고
소리치며 운다.

진주처럼 빛나기 위해
물방울이 부서지는 슬픔을
참아야 한다.

저녁노을에
잔잔히 밀려오는 외로움
숨을 고르기도 전
바람이 찾아와 등을 떠민다.

흩어진
마음조각 보듬으며
하얀 꽃망울이 핀다.

낮달과 동행하다

가을 햇살 눈부신 날
붉은 산수유 손짓 따라
보건소 가는 길

때를 놓쳐버린 억새
하얀 그리움만 더듬는가.

바람이 할퀴고 간 자리에
충혈된 가을이
붉은 눈물 토하고 있다

말보다 앞선 바람
어디론가 바삐 달려가는데
더디게만 가는 나의 시간 추는
어딜 헤매는가.

빈 하늘
창백한 낮달
아무 말 없이
보건소 가는 길을 동행하고 있다

7층

내가 바라보는
세상 높이는 7층

7층 높이만큼
세상과 소통을 한다.

언제나
침묵을 깨는 것은
내가 아닌 세상이다

7층에서 바라본 세상은
시시각각 변하는 얼굴로
많은 이야기를 쏟아내고

그런 세상과 마주한 시간,

북두칠성이 보이는
베란다에서
하늘을 우러러보며 살고 있다

아시나요

겨울비처럼 울게 하는 그대
당신을 사랑할까 두려워
떠나려는 이 마음을

아시나요.
첫눈처럼 설레게 하는 그대
차디찬 그 손길
차마 떨치지 못해
시린 가슴을

행여 아시나요.
들꽃처럼 핀 그대
빛나는 두 눈동자에 취해
아무 말도 못하는 이 사랑을

바람처럼 흔들리며
긴 세월에 하얗게 새어버린
이 그리움을
당신은 아시나요.

약속은 흘러가고

당신의 약속은
흐르는 강물에 띄워 놓은
작은 조각배 같아서

시간이 지나고 나면
그 흔적조차 찾을 수 없네

새털보다 가벼운 마음은
무심히 흐르는
저 강물이네

흐르는 강물이라
어쩔 수 없다지만
망망대해를 향해 가는 마음
누가 달래주나

빈 가슴으로

비운 가슴 속으로
나무 한 그릇 걸어 들어온다.

삶의 갈증 속에
방황한 시간

하늘을 보니
나처럼 떠돌던
흰 구름 한 점 내려앉는다.

참으로 가슴을 텅텅
비워 둘 만하다.

나뭇가지에 앉은
새들의 지저귐 속에
한 편의 시時가 쓰인다.

온몸이 가려울 때가 있다

당신을 생각하면
괜스레 몸이 가렵다

집채만 한 그리움이
몸속을 헤집고

물만 주면 쑥쑥 크는
잡초 같은 아픔을
더듬는 게다

뽑아도 뽑아도
끝없이 자라나
눈시울을 적시고

깊이 팬 가슴에
한 길씩 그리움이 자라난다.

부끄러움에 대하여

포장마차에서
소주 한 잔에
라면 하나로 허기를 푼다.

안주는 보잘것없지만 부끄럽지 않다.
정작
부끄러운 것은
다른 사람 마음을 아프게 하는 것
할 말을 삼키는 비겁한 짓

진정 부끄러운 것은
사람을 사랑할 줄 모르는 얼음 같은 마음이다

마음을 덥히는 술 한 잔
라면 하나로
허기진 세상을 채워본다

제4부 그리운 이름

바람 · 1

저 바람은 어디에서 왔다가
어디로 가는 걸까

그 바람 가는 곳
막힘없이

파란 에메랄드 같은
푸른 희망만 있었으면

저 바람 머무는 곳에
따뜻한 인정만 넘쳤으면

저 바람이 가는 곳에
꿈과 이상만 있었으면
참 좋겠다.

바람 · 2

불어오던 바람이
내 창가에 앉아 쉬고 있다

때로는 꽃향기로
때로는 나무의 푸름으로
때로는 성난 짐승의 몸부림으로

모습은 보이지 않지만
자신의 존재를 알리려는 듯
끊임없이 나에게 손짓을 한다.

보이는 것만이
다 참이 아니라고

바람은
내 창가에 앉아
살며시 노크를 하고 있다

비 · 1

비는
그리움의
전주곡입니다

아픔을 씻어주는
눈물입니다

비는
떠나는 이의
아픈 가슴입니다

남겨진 이의
슬픈 미련입니다

비는
마음을 알아주는
고독한 친구입니다

비는… 홀로인 사람에게만
제 쓸쓸한 마음을 보여줍니다.

비 · 2

비가 운다.
누구의 아픈
눈물일까

어떤 이의 행복에 겨운
흔적일까

때론
힘든 가슴에
따뜻한 위로가 되어야 하기에
비는 울어야 한다.
울어야 산다.

세차게 내리는 소나기
속 시원하게
소리 내어 울고 있다

빗소리

보세요.
아침부터 그리움 같은 비가
창을 적십니다.
비는 그렇게
아픈 가슴을 아는 듯
눈물이 되어 내리고 있네요.

보세요.
아프다고 힘들다고 말할 수 있는
시간만큼 약이 되는 세월 앞에
비는 그렇게
소리 내어 울고 있네요.

보세요.
잔잔히 흐르는 빗물을

지금은 빗소리가 소란스럽지만
시간이 지나고 날이 개이면
그 흔적조차 찾을 수 없듯
아픔도 세월 속에 무뎌져

살 만합니다.

보세요.
이 비가 대신 울어 줄 수는 없지만
내 마음 빗소리에 실어
당신께 보냅니다.

가을 여행

이 가을에는
바람처럼 소리 없이
떠나렵니다.

높고 푸른 하늘 이고서
붉은 단풍잎 손짓 따라
시인의 마음으로
떠나렵니다.

텅 빈 가슴
쓸쓸하지 않게
햇살 한 줌 따다 주머니에 넣고

풀벌레 들국화 향기 따라
가을을 채우며
떠나렵니다.

낙엽 태우는 냄새에
지난 여름이 한 발 물러서고

가을의 한 모퉁이에서
차분히 지나온 길 되짚어 보며
그리운 이에게 편지를 쓰듯
그렇게 떠나렵니다.

억 새

모진 바람에도 쓰러지지 않고
웃고 선 너
소박한 모습이 어여쁘구나.

달빛에 젖어
숱한 날을 밤하늘만 바라보던
세월이 얼마더냐

밤을 새워 부르는 노래
시린 가슴 달래는
통한의 절규가 애절하구나.

이슬 같은 사랑 앞에
미소 짓는 슬픈 눈동자가
찬란한 아침햇살에
보석처럼 빛나고 있구나.

단풍에 흠뻑 젖다

홀로 나선 산책길
발길마다 가을이 따라온다.

파란 하늘 아래
고추잠자리 깜빡 졸고
호랑나비 한 쌍
사랑이 뜨겁다

누가 뿌려놓았나
물 위에 반짝이는 금빛햇살
달콤한 그리움의 향기가
잔잔한 마음에 파문을 일으킨다.

설레는 마음 하나
흠뻑 단풍 빛에 젖는 오후

가을 수채화

그대 가슴에도
낙엽이 눈물이 되는
가을이 찾아왔습니까.

가을볕에 달구어진
추억의 조각들
요동치는 가슴 가슴을
바람은 알까요.

별처럼
먼먼
그대 생각

하얀 구름처럼
순백의 마음으로
그대를 그리워하는 오후

산과 들에
수채화를 그리듯
가슴 가득 그대 모습만을

그리고 있습니다.

당신이 바람처럼
온 가슴을 헤집고 다니는
가을 들녘에서

늦가을 풍경

햇살 비껴선 억새풀
화려한 몸치장에
가을이 활짝 익었지만

계절을 놓쳐버린 장미
담장 너머 길게 목만 늘어뜨리고
바람은 가쁜 숨을 몰아쉬고 있다

푸른 젖가슴 풀어헤친 하늘
온 세상을 안은
따스한 어머님 품 속
모태 속에 잠든 겨울이 깨어나고 있다

달빛 고운 밤

술 한 잔 마시고
고단한 삶을 깔고 누우면
별 천지가 내 품에 안기고

지나간 옛 이야기
달그림자 되어 사색에 잠긴다.

한 잔 술에
지친 생을 덮고 누우면

젊은 날 꿈꾸었던
사랑도 열정도
달무리 속에 빠져든다.

오늘따라 유난히 밝은
무심한 달

한때
저 달 속에 꽃 같은 내가 있었다.

가 을

가을을 재촉하는 비가
한밤을 소리 없이 적시고 있습니다.

밤을 새워 울던 비는
깨끗하게 마음을 비우고
가을 문턱에서 나를 조용히 부릅니다.

여름내 손톱 발톱 밑에 자란
기나긴 사연 다 깎아내고
살며시 가을을 불러 보지만

늦여름 비는 가는 계절이 아쉬워
나를 붙잡고 놓아주지 않습니다.

가을의 길목에서 들려오는
바람의 울음소리가
온 밤을 흔들고 있습니다.

허수아비

가을걷이가 끝난 허허로운 들판
구름은 흘러 북천北天으로 가고

홀로 된 너는
종일 무슨 생각에 잠겼느냐

한낱
이름 없는 무심한 목숨이지만
한여름 땡볕에 서서
네 소임을 다하였다

인적 끊긴 곳
벌거벗은 몸뚱어리
부끄러울 것도 없이

황량한 들판에 홀로 서서
빈 하늘만 마시며 서 있구나

그리운 이름

목이 쉬도록 부르고 싶은
이름이 있습니다.

눈이 시리도록 보고 싶은
얼굴이 있습니다.

불러도
침묵하는 임이시기에

당신은 내게
지울 수 없는 아픔입니다.

혼자가 아닌 둘이라 좋았던
화창한 봄날

푸른 하늘 아래
가려진 우리 이별

내가 우는 것은
이별 뒤에 숨은
긴 그리움 때문입니다

그리움이 깊어지며

밤안개처럼 소리 없이
가슴에 파고드는 얼굴
그립다고
아프다고 말하지 않으렵니다.

그리움을 토하기에
밤은 너무 짧고
아픔을 말하기에
밤은 너무 깁니다.

그대를 생각하는
이 마음을
내 안에 가두겠습니다.

그대를 향한
애틋한 나의 기도

그리움이 더 깊어져
눈이 내리는 날

꽃 한 송이
말없이 피우렵니다.

달빛 이불

누가 노래하는가.
밤을 실은 수레
내일을 향해 달려가는데

귀뚜라미 우는 소리
나에게 날아들고

밤은 점점 깊어지고
너는 내게로 와
이 밤을 밝힌다.

귀뚜라미 소리에 시린 귀를
포근한 달빛으로 덮는다.

산다는 것은

눈물로 지은 밥을 먹어야 산다.

세상이 주는 상처에
가슴에 구멍이 뚫려도
온몸 눈물에 젖더라도
바람으로 지은 밥을 먹어야 산다.

황홀한 노을빛으로 물들어도
두근거리는 입맞춤에도
태양처럼 타올라도

사람냄새 나는 밥을 먹어야 산다.

산다는 것은
눈물로
바람으로
땀으로 지은
밥을 먹어야 사는 것이다.

고 독

바람에게 묻는다.

나는 누구인지
어디로 가야 하는지

고요히 잠든 밤을 깨워
쇠심줄보다 더 질긴
고독을 씹어 보았다

계절 따라 웃고 우는 바람 따라
가버린 바람 같은 세월

산수유 꽃의 무영처럼
적막한 무게 아래
쏟아지는 갈증

시계는 요란한 소리를 내며
새벽으로 달리고
나는 무엇을 꿈꾸고 있는가.

풍경 · 1

단풍잎 곱게 차려입은 금병산
분수대 물빛 날개에
화사하게 나래를 펼치고

떨어진 낙엽
절절한 사연이 추억을 더듬고

쓸쓸한 가을의 끝자락에서
바람은 스산하다

어느 문인의 문학비 앞에
이름 없는 시인들이 모여
풋풋한 시를 노래하니

푸른빛 하늘에
맞닿은 가슴
고운 시심이 피어난다.

풍경 · 2

새가 노래하는
포구나무 아래
정을 동여매고 마주한 시간

하늘에서 쏟아지는
별들 안주삼아
고운 벗과 함께한
고즈넉한 저녁

음풍농월
채워진 술잔에
헐벗은 달이 춤추고
바람도 웃고 있다

사는 이야기

그늘진 길가
작은 인생이
저마다 사연을 풀어놓고
이야기꽃을 피우고 있다

모래사막처럼
삭막한 길에
바람과 눈이 마주친
풀꽃들이 술렁이고

속살 깊이 박힌 아픔이
투명한 항아리 속에서
앓고 있는 밤

겹겹이 닫힌 마음의 창
달빛에 시퍼렇게 물들어 가고
눈에서 별 하나 떨어진다.

고독한 밤

아무도 없는 밤
잡념들이 어둠을 삼키고
나를 삼키고 있다

가슴에 쌓인 응어리들
탈출구를 찾지 못해
혈관 구석구석에 붙어
내 영혼을 갉아 먹는다

피는 통하지 않고
숨은 턱까지 차는데
손끝에 전해오는 울분들
꾸역꾸역 삼키고 있다

빈 밤
찬바람은 어둠을 틈타
깊은 슬픔까지 헤집고 다닌다.

가을에 찾아간 배내골

산마루에
가을을 잉태한 계절이
산혈을 토하고

굽이도는 배내골
바람처럼 흘러간
아픈 역사를 안고

깊은 골마다
가을이 만삭의 몸으로 헤매고 있다

해설

| 해설 |

생각의 지문, 또는 상처의 힘

마 경 덕 (시인)

김선민의 『바람꽃이 피다』는 건강한 서정抒情이 중심축을 이룬다. 감성이입emqathy은 예술 작품에서 감동을 얻게 하는 중요 요소인데 김선민은 별다른 치장이 없이도 진솔함으로 독자에게 다가선다. 담백한 시편들은 맑은 개울물처럼 투명하다. 시리듯 차고 맑은 물소리에 귀를 기울이면 때 묻지 않은 시詩의 가슴이 보인다. 시인은 시에 내포되어 있는 마음의 호흡에 맞추어 시가 흘러가는 대로 따라간다. 시의 물꼬를 틀거나 굳이 가두지 않는 것은 풍부한 감수성을 지닌 시인의 시심詩心이 티 없이 순진무구하기 때문이다. 시를 이루는 모티프motif는 '사랑' 이다. 시인의 관점은 '그리움' 또는 연민인데 시의 원천은 '모성' 의 힘이다. 김선민의 시의 구조는 '허무' 와 '성찰' 을 통해 닿을 수 없는

'그리움' 을 지향한다. 주제와 소재, 말뜻, 소리, 이미지, 어조, 문장의 짜임, 시상의 전개방법 등이 유기적으로 짜여야 한 편의 시가 완성되는데 김선민은 '사랑' 이라는 개연성을 지니고 이러한 관계를 일관성 있게 엮어간다. 구조가 단순하다고 감상주의라고만 볼 수는 없을 것이다. 김선민은 '사모곡' 으로 시집의 첫 문을 열고 있다. 사모곡思母曲은 부모의 사랑을 낫과 호미의 날에 비유하여 어머니의 사랑이 아버지의 사랑보다 더 크고 간절함을 노래한 고려시대의 가요이다. 육구체六句體 단련單聯으로 되어 있고, 고려의 장가長歌 가운데 가장 짧다는 사모곡, 누가 지었는지 연대와 작가는 미상이지만 오래 사랑받았던 곡임은 틀림이 없다. 김선민에게 시적 동기를 부여하는 대상은 곧 '어머니' 이다. 사모곡을 부르는 김선민의 어조tone는 나지막하지만 물기가 촉촉하게 묻어 있다.

자식은 빚 받으러 왔다지.
전생에 쌓은 업보 때문에
빚 받으러 자식은 그렇게 온다지

당신의 그 한마디가
달빛처럼 사무쳐 우는 밤입니다.
어머니

주름진 얼굴

매운바람 앞에
움츠린 야윈 삶

당신의 운명이라지만
멍든 세월이 한스러워

검고 깊은 밤
당신의 애절한 서른 해가
온 천지를 울리고 있습니다.
어머니

—「사모곡 · 3」 전문

자식과 부모는 천륜이라는 끈끈한 관계를 이루고 있다. 세상에서 가장 소중하고 가까운 혈연, 그런데 자식은 '빚'을 받으러 온 채권자이다. 부모와 자식은 채무자와 채권자라는 관계로 추락한다. 부모는 자식에게 빚진 죄인이 되어 손발이 다 닳도록 그 빚을 갚아야 한다는 것이니 자식에 대한 부모의 끝없는 희생을 뜻함이 아닌가. 부모에게 빚지지 않은 자식이 어디 있으랴만 철없던 시절, 김선민 역시 빚 받으러 온 사람처럼 어머니에게 희생을 요구했을 것이다. 그때는 몰랐지만 어머니의 그 한마디가 뼛속까지 사무쳐 우는 밤이다.

동틀 무렵

맷돌 같은 삶의 멍에를 담아 이고
뼛속까지 휘몰아치는 칼날 같은 바람
온몸으로 맞서며
살아오신 어머님

궁핍한 살림살이
어린 자식을 위해
귀한 목숨 아끼지 않으신 어머님

그믐달 등불 삼아
새벽을 밟으시면서
서리서리 맺힌 눈물

살얼음을 밟듯
살아오신 어머니

세상에서 가장 귀한 이름
어머님을 부릅니다.

—「사모곡 · 4」 전문

초승달이라고 부르는 '그믐달' 은 음력 초사흗날 저녁에 서쪽 하늘에 낮게 뜨는 눈썹달이다. 환한 보름달을 두고 어머니는 왜 그믐달을 등불로 삼으셨을까. '그믐' 은 달이 태양과 지구의 사이에 놓여 있어 달빛이 어두운 날이다. 그믐달은 꺼져가는 희망마저도 놓지 않고 억척스럽게 살아오신 어머니의 '의지'를 나타낸다. 「사모곡 · 4」에서도 맷돌 같은 삶의 멍에를 이고 살아온 어머니의 희생이 잘 드러난다. 동틀 무렵 뼛속까지 휘몰아치는 칼바람과 맞서며 새벽길을 나서는 어머니, 그믐달을 등불 삼아 살얼음 밟듯 살아오신 어머니는 세상에서 가장 귀한 이름이다.

어머님
당신을 보면 자꾸 눈물이 납니다
당신이 걸어오신 그 세월을
다 읽어 내지 못했기에

나 죽거든 땅에 묻지 말고
화장하여 산에 뿌려라
입버릇처럼 하시던 말씀

살아생전 가지지 못한
한 평 남짓한
마음의 안식처를
죽어서도 가질 수 없는
처지를 아시기에

어머님

당신을 보면 자꾸 눈물이 납니다
그 마음 깊이를
아직도 다 헤아리지 못했기에

쫓기듯 달려온
깊게 패인 주름살만큼이나
쌓인 응어리

곱게만 보이는
카네이션은 그 마음 알까요
그 마음을…

—「사모곡 · 2」 전문

화장火葬은 불교의 진원지인 인도에서 불교의 장법으로 치러지던 것이다. 석가모니도 인도의 장법대로 화장하였는데, 그 후 다비는 불교도佛敎徒 사이에 널리 행해졌다고 한다. 다비茶毘가 삼국시대에 중국을 거쳐 우리나라에 들어왔지만 일반인들은 거의 토장의 풍습을 따랐다. 갈수록 인구가 늘어나 묘지의 절대면적이 줄어들어 화장이 늘고 있지만 예전엔 혈혈단신 연고가 없거나 장지葬地를 마련하지 못한 가난한 사람들이 주로 화장을 택했다.

생전에 가지지 못한 한 평 남짓한 마음의 안식처를 죽어서도 가질 수 없는 처지를 잘 아는 어머니는 자식에게 짐이 되기 싫

었던 것이다. 김선민은 카네이션을 보면 어머니를 대하듯 눈물이 흐른다. 힘든 삶을 살아낸 늙은 어머니와 곱디고운 꽃은 희비喜悲의 대조를 이룬다.

딸 시집간다고
밤새워 힘들게 쓴 편지 속에
당신의 마음이 적혀 있습니다

"사랑하는 딸 민아 보아라.
잘 살아야 한다."
비뚤비뚤한 글씨
한 자 한 자 정성 담아 쓴
편지 속에 당신이 울고 있습니다

—「사모곡 · 5」 부분

씻어도 가시지 않는
비린 생선 냄새
눈물만 남은 여윈 가슴에
꽃처럼 피어난다

오늘도
어머니 손엔
비린내가 향수처럼

피어난다.

—「사모곡 · 8」 부분

김선민은 경험과 시간을 나열하며 과거 속의 '어머니'를 찾아간다. '어머니'는 절대적인 존재로 시인의 의식을 붙들고 있다. 시인의 회고적이고 고백적인 시편들은 현실과 맞물려 인식의 틈에서 존재한다. 가족을 위해 '희생'한 기억 속의 어머니는 '연민'의 대상이다. 그러나 시가 진행되는 시점은 어머니의 힘듦을 인식할 수 없는 철없는 나이였다. 뒤늦게 어머니의 '사랑'과 '희생'을 깨닫게 된 김선민은 '비린내' 마저도 그리워하지만 '비린내'는 씻어도 씻어도 가시지 않는 상처이며 슬픔이다. 어쩌면 시인은 가슴에 고인 죄책감을 '시詩'를 빌어 토로함으로 스스로 상처를 치유해가는 것인지도 모른다. 너무나 선명한 기억들은 시인을 아프게 하지만 어릴 적의 추억은 시인을 지켜주는 '힘'이 되기도 한다. 김선민은 이러한 모순적 상황을 경험하게 되며 갈등은 '모성'의 힘으로 표출되는 것이다. '모성'이라는 명제命題 앞에 '과거'는 '현실'로 나타나고 '현실'은 곧 '과거' 속에서 살아 꿈틀거린다. 시의 주체인 '어머니'와 마주하는 순간 '과거'는 이미 시인의 의지를 좌우하는 능동적 주체이다. '어릴' 적의 기억은 낮게 포복해 있다가 어느 순간 출몰하는 고통스러운 존재인 것이다. 김선민은 무심했던 일상의 문제들 앞에서 스스로 딜레마에 빠지기도 한다. 경험을 현실로 재구성할 때 사용되는 '통증'은 곧 '어머니'와 소통하는 출구인 셈이다.

김선민은 「달맞이꽃」에서 어느덧 어머니를 닮아가는 모습을 발견하게 된다.

애처로운 여인의 향기로
피어난
슬픈 사랑

밤하늘 아래
쓸쓸히 웃고 있는 꽃
가을 동화의 슬픈 이별을

달빛으로 싱싱하게
살아 숨 쉬는 꽃
저녁노을의 애틋한 고백에
귀를 열고

달빛 아래서만
수줍게 고개 숙인 꽃

—「달맞이꽃」 전문

스스로 빛을 내지 못하는 달이 태양빛을 받아 빛을 반사하듯이 달맞이꽃도 달빛을 받아먹고 개화를 한다. 해질 무렵에 피어 해가 뜨면 시드는 달맞이꽃, 남미 칠레에서 귀화한 들꽃이다.

햇빛을 좋아하는 대부분의 꽃들과 달리 달빛에 피어난다. 김선민은 저녁노을의 애틋한 고백에 귀를 열며 애처로운 여인의 향기로 피어난다고 말한다. 어둠 속에 피는 달맞이꽃은 왠지 가련하다. 여느 꽃처럼 화려하지도 않고 길가나 버려진 빈터에 소박하게 핀다. 마치 그 모습이 어둠을 틈타 달빛에 피어나는 달맞이꽃처럼 외롭게 살아오신 어머니의 일생과 쓸쓸하게 저물어가는 중년여인의 모습으로 오버랩된다.

내 나이 불혹
얼마나 나를 낮추고
참회하며 살아 왔는가

마흔 고개를 넘으며
새삼 되묻는다.

넘치는 욕심으로
남에게 상처를 주지 않았는지
칼날보다 더 날카로운 설두로
가슴에 비수는 꽂지는 않았는지

인생 귀로에서 얼마나 덕을 쌓고
거짓 없이 살아갈 것인가
억겁으로 흐르는 강물에게

나를 묻는다.

—「사십」 전문

불혹, 인생의 절반 가까이를 살아버린 중년여인은 이쯤에서 살아온 날을 뒤돌아본다. 남보다 나를 낮추며 살아왔는지, 혹여 욕심이 비수가 되어 타인의 가슴에 상처를 주지는 않았는지, 스스로 묻고 있다. 김선민의 시편들이 과거지향적인 것은 일찍 아버지와 사별하고 자식을 키우기 위해 억척스럽게 살아온 '어머니'의 자화상이 가슴을 차지하고 있기 때문이 아닐까. '외로움' '눈물' '그리움'이 자주 등장하는 것은 그녀의 기억 안에 갇힌 상처가 많다는 것이다. 그것들은 '밝은' 빛에 드러나기를 두려워하는 '달맞이꽃'처럼 웅크리고 있다가 대상을 만나면 일시에 출현한다. 시인의 무의식 속에 잠재된 파편들이다. 유독 그녀의 시편들이 감성적이고 심약한 것도 그런 이유를 배제할 수 없는 것이다. 「자화상 · 1」에서도 끝없이 깊은 슬픔의 심연을 엿볼 수 있다.

달빛 쓸쓸한 밤
알 수 없는
눈물이 납니다.

별도 흐느껴 우는 한밤
가슴에 옹이처럼

상처가 박혀 있습니다.

그 옛날 살아오면서
부끄러웠던 일
시기와 가난
서러움마저 죄가 되어

하늘과 땅에게 바치는
속죄의 마음으로
하염없이 웁니다.

—「自畵像 · 1」 전문

그녀의 상처는 '달빛'으로 자주 등장한다. 그 슬픔의 뒤편에는 뼈저린 '가난'이 있었고 못가진 자의 '서러움'이 있었다. 시의 무게중심은 '쓸쓸함'에 기울어 있다. "시인의 시세계를 거시적인 관점에서 바라보면 그 시인의 모든 작품은 하나의 커다란 테두리 안에 들어있으며, 하나의 긴 연장선 위에 놓여있는 연작이라고 말할 수 있다."고 한 어느 평론가의 말처럼 그 시인이 말하고자 하는 것이 의식적이든 무의식적이든 가장 비중이 큰 어느 한 가지의 특성으로 나타난다. 여러 작품은 중첩된 유사성을 지닌 이유로 인해 각 작품은 서로 다른 작품을 이해하고 해석하는데 중요한 단서를 제공하는 상호텍스트성을 지니게 된다고 한다. 어느 시기에 발생한 사건이 일정한 방향성을 지닌 채 일

정기간을 거쳐 하나의 성향으로 굳어지는 것인데 이때 체험과 주변으로부터 영향을 받는다. 시인이 시를 통해 말하는 것은 의식 속으로 뛰어든 체험이 생각을 지배하고 기억으로 구성되기 때문이라고 볼 수 있다. 김선민은 '달빛' 이나 '달맞이꽃' 으로 시적 인식의 대상과 범위를 형성한다. 자신을 돌아보며 '성찰' 하는 귀착점은 '후회' 나 '눈물' 이 아닌 상처를 치유하는 '소망' 이다. 그녀의 긍정적인 '눈물' 속에는 그 회의를 극복하려는 의지가 숨어 있다. '눈물' 은 오래된 상처를 치유하는 그녀만의 시적 특질이다. 나지막한 어조語調가 힘을 지니는 것도 그 때문이다.

거울 앞에 앉은
낯선 여자를 본다.

환한 미소 세월에 다 지워지고
어느덧 초췌한
굳어버린 그 얼굴

몰라보게 변해버린 여자는
거울 앞에서

삶의 찌든 때
감추려고

곱게 단장을 하고 있다

—「自畵像 · 2」 전문

꽃은 지면
다시 피어나지만

계절은
다시 돌아오지만

물이 흘러간 자리는
다시 채워지지만

흐르는 세월 따라
흘러버린 여자는
다시 꽃으로 피어나지 않습니다

다시 되돌아갈 수 없는 봄이
나에게도 있었습니다.

어느덧
가을의 길목을 서성이며

가슴에 별을 새기듯

간절한 마음으로 기도합니다

—「自畫像 · 3」 전문

어느 날 거울 앞에 앉은 시인은 거울 속에서 속절없이 가버린 청춘을 보았다. 삶에 찌든 어머니 닮은 여인을 보고 만 것이다. 해마다 봄은 오지만 사람에게 봄은 딱 한번 오는 것이어서 잡을 수 없는 것들은 더 그립고 안타깝다. '자화상' 속에는 속절없이 젊음을 보내버린 '회한' 이 들어 있다. 시인은 거울을 통해 점점 '어머니' 를 닮아가는 '자신' 을 확인한다. 어느 사이 모녀는 닮아 있었다. 시적 대상인 어머니와 만났을 때 울림은 더 커진다. 시적 떨림을 오롯이 전달하기 위해 김선민이 즐겨 사용하는 시적 장치는 회고적 시점에서 출발한다. 과거를 통한 현재의 반성으로 시를 점화하고 잠재된 기억은 수시로 발화한다. 의식 속에 깃든 '애틋' 하고 '쓸쓸' 한 '힘' 은 '소망' 으로 바뀌어 뜨겁게 발화되는 것이다. 김선민은 어떤 '외롬' 이나 '절망' 앞에서도 낙심하지 않는다. 오히려 그 '힘듦' 을 삶의 '에너지' 로 환치시킨다. 김선민의 감상感想은 결코 나약하지 않다. 약하고 여린 듯 보이나 기실 강인하고 건강한 감상인 것이다. 이와 같은 양상은 「파도」에서도 볼 수 있다.

바람에 떠밀린 파도는
천길 벼랑에 몸을 던지고
소리치며 운다.

진주처럼 빛나기 위해
물방울이 부서지는 슬픔을
참아야 한다.

저녁노을에
잔잔히 밀려오는 외로움
숨을 고르기도 전
바람이 찾아와 등을 떠민다.

흩어진
마음조각 보듬으며
하얀 꽃망울이 핀다.

—「파도」 전문

파도는 한사코 달려와 수없이 깨지고 부서진다. 물러섰다가 다시 밀고 들어서는 파도는 도무지 절망을 모른다. 진주처럼 빛나기 위해 물방울이 부서지는 슬픔을 참아내는 것이다. 그는 '파도'라는 오브제를 통해 치열한 '삶'의 '의지'를 보여준다. 그녀의 시는 삶의 밑바탕에 내재되어 있는 '고통'을 끌어내어 '효과'를 얻어낸다. 폐쇄된 공간에 저장된 '상처'를 탁 트인 공간으로 이끌어내어 한바탕 힘겨루기를 하는 것인데, 그는 한발 물러섰다가 파도처럼 다시 일어선다.

눈물로 지은 밥을 먹어야 산다.

세상이 주는 상처에
가슴에 구멍이 뚫려도
온몸 눈물에 젖더라도
바람으로 지은 밥을 먹어야 산다.

황홀한 노을빛으로 물들어도
두근거리는 입맞춤에도
태양처럼 타올라도

사람냄새 나는 밥을 먹어야 산다.

산다는 것은
눈물로
바람으로
땀으로 지은
밥을 먹어야 사는 것이다.

—「산다는 것은」 전문

「산다는 것은」에서도 김선민은 '눈물'로 '바람'으로 '땀'으로 지은 '밥'을 먹어야 산다고 말한다. '눈물밥'을 먹어본 사람만이 배고픈 자의 고통을 알 것이다. '사람냄새'는 가장 인간적인 사람, 즉 고통도 함께 나누는 곧은 '양심'을 가진 사람다운 '사람'일 것이다.

"한 점 미련 없이 떠나는/ 그대 발걸음/ 세상에 제일 무서운 것은/ 미처 알지 못한 뒷모습입니다"(「뒷모습」 부분) 「뒷모습」이란 시에서 시인은 미처 알지 못한 '뒷모습'이 세상에서 제일 무섭다고 한다. 정작 그녀가 두려워하는 것은 거짓된 '마음'인데, 상처 중 가장 깊고 낫기 힘든 상처는 '사람'이 주는 마음의 '상처'이다. 하지만 김선민은 '상처'를 치유하는 법을 알고 있다. "간밤/ 비가 머물다 간 자리/ 피어난 보랏빛 나팔꽃// 꽃잎에 맺힌/ 초롱초롱한 물방울/ 투명한 옷을 입고/ 나를 반긴다// 철길 옆/ 작은 텃밭에서/ 새로운 하루가 눈을 뜨는 아침// 눈부신 나팔소리 발등에 쏟아진다"(「아침 · 2」 부분) 그녀는 작고 소박한 것에서 위로를 받는다. 시인이 생각하는 소중한 것들은 초라하고 작은 것들이다. 과장하거나 지나치게 치장하지 않아 자연스럽게 스며드는 김선민의 시편들은 '연민'이 묻어 있다. 힘이 없고 낮은 것들은 향해 마음이 휘어지는 그의 감성적인 시들은 긍정적이다.

허공을 헤엄치는 바람은
푸른 지느러미를 가졌습니다.

구름 한 장, 새소리 한 묶음을 흔들어보고
하늘 길을 따라갑니다

누군가 그리운 날은
하늘가에 활짝 꽃이 핍니다.

저 넓은 하늘의 가슴을 얼마나 헤집고 다녔는지
바람의 등지느러미가 너덜너덜 해졌습니다

바람 같은 세월
꽃을 피우지 못한 세월이 내게도 있어
다시 하늘을 보니
뭉실 피어난 구름 같은 사랑

닿지 못할 저곳에
그리운 당신이 서 있습니다

—「바람꽃이 피다」 전문

시집의 표제시인 「바람꽃이 피다」는 아름다운 서정抒情 속에 상처를 치유하려는 의지와 간절함이 들어 있다. 꽃을 피우지 못한 시절을 건너와 다시 바라보니 넓은 하늘의 가슴을 헤집고 다닌 바람의 등지느러미마저 너덜너덜 해졌다고 고백한다. 그러나 김선민은 닿지 못할 그곳에도 구름 같은 사랑이 피어난다고 위무慰撫한다. 끝까지 한줄기 '소망'을 놓지 않는 시인은 모질게 불던 바람에게도 '꽃'을 달아준다. 또한 그녀에게는 세상에서 가장 아름다운 꽃이 있어 외롭지 않다.

꽃이 피었습니다.
연화, 유영아

내 뜨거운 피로 태어난
나의 꽃

사랑으로 피어
세상에서 가장 향기로운,

별보다 더 빛나는
영원히 시들지 않을 나만의 꽃이여

—「세상에서 가장 아름다운 꽃」 부분

세상에서 가장 아름다운 꽃은 티 없이 맑은 '사람꽃'이다. 시인에겐 "연화" "유영"이라는 아름다운 꽃 두 송이가 있다. 시들지 않을 그 꽃으로 인해 시름을 잊고 힘을 얻는다. 시인의 어머니도 '자식'이라는 꽃을 피우고 그 힘으로 평생을 견뎠을 것이다. 시의 중심축을 이루는 '모성母性'을 따라가면 젊어 홀로된 '어머니'가 있고 '가난'이 있고 '눈물'이 있다. 하지만 김선민은 '희망'이라는 오브제를 사용해서 시를 일으켜 세운다.

언젠가 필자는 기억에 대해 이렇게 쓴 적이 있다. "기억은 고여 있는 생각의 지문들이다. 기쁘고 슬프고 서러운 것들이 무늬를 만들고 물결처럼 일렁이며 번져간다. 기억이란 고요하거나

출렁이는 것, 엎질러져 증발하기도 하고 흘러 넘쳐 몸을 떨게도 한다. 기억은 늘 그 자리에 서있다. 성큼성큼 걸어가 추억으로부터 멀어져 있어도 언제나 그 자리에서 우리를 부른다. 어쩔 수 없이 걸어왔던 길을 되돌아가 그때를 만나야 한다."

김선민에게 오래된 기억은 '슬픔' 이기도 하고 '힘' 이기도 하다. 그 아프고 아름다운 힘으로 더 많은 시를 쓸 수 있을 것이다.

경남시인선 133

바람꽃이 피다

펴낸날 | 2010년 4월 8일

지은이 | 김 선 민
펴낸이 | 오 하 룡
펴낸곳 | 도서출판 경남

주소 | 631-430 마산시 서성동 66-18
연락처 | (055)245-8818~8819 / 223-4343(팩스)
홈페이지 | www.gnbook.com
블로그 | gnbook.tistory.com
이메일 | gnbook@empal.com
등록 | 제2호(1985. 5. 6.)
편집팀 | 오태민 | 심경애 | 구도희

ISBN 978-89-7675-618-3-04810

〔값 8,000원〕